Début d'une série de documents en couleur

A Monsieur Léopold Delisle
hommage de respectueuse sympathie
E. M.

NOTES

SUR LES

MOSAÏQUES CHRÉTIENNES

DE L'ITALIE

PAR

M. EUGÈNE MUNTZ

VII.-NAPLES.

EXTRAIT DE LA REVUE ARCHÉOLOGIQUE
JANVIER-FÉVRIER 1883.

PARIS
JOSEPH BAER, LIBRAIRE-ÉDITEUR
18, RUE DE L'ANCIENNE-COMÉDIE, 18
FRANCFORT-SUR-LE-MEIN, Rossmarkt, 18
1883

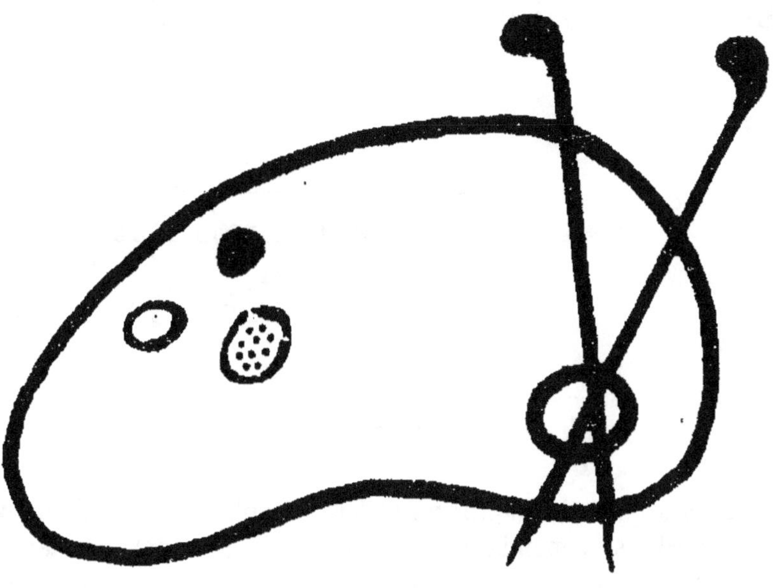

Fin d'une série de documents
en couleur

NOTES

SUR

LES MOSAIQUES CHRÉTIENNES DE L'ITALIE

VII[1]

EXTRAIT DE LA *REVUE ARCHÉOLOGIQUE*
Janvier-Février 1883

LES MOSAIQUES DE NAPLES.

Les mosaïques de Naples n'ont fait jusqu'ici l'objet d'aucun travail spécial, et cependant, on le sait à la fois par les témoignages écrits et par les monuments subsistants, cette ville a possédé ou possède encore un ensemble de compositions qui ne le cèdent en nombre et en importance qu'à celles de Rome et de Ravenne. Nous recommandons à toute l'indulgence du lecteur l'essai, forcément imparfait, dans lequel nous entreprenons de classer et de décrire ces productions, jusqu'ici trop dédaignées, de l'art des premiers siècles.

LES CATACOMBES.

Les catacombes de Naples ont été, comme celles de Rome, ornées de mosaïques, sans que cependant ce genre de décoration y ait pris un développement considérable. L'historien Celano, qui visita en 1649 la crypte située près de l'église et du couvent de San Severo, y

1. Voir la *Revue archéologique*, septembre 1874, octobre et novembre 1875, décembre 1876, janvier et septembre 1877, juin et novembre 1878, août 1879, septembre 1882.

découvrit des « pitture, pezzi di mosaico svisati, inscrizioni greche coverte di nitro, sopra ed intorno alle nicchie sepolcrali [1] ».

M. Scherillo, de son côté, cite dans les catacombes de Saint-Janvier les mosaïques ou plutôt les vestiges de mosaïques suivants :

Pl. I, A, nº 4 : « Cripta ora chiusa... A destra è un piccolo loculo con reliquie di bel musaico ».

B, 6 : « Celletta che ha sul davanti due colonnette rilevate nel tufo. La volta è ornata di musaico ».

7 : « Edicoletta, simile all' antecedente... La volta n'è ornata di musaico, e dalle scrostature appajono tre intonachi, l'uno sovrapposto all' altro. »

Pl. II, 25 : « Residui di musaico sulle pareti. »

Pl. II, 27 : « Cella con resti di musaico [2]. »

Il n'est nullement prouvé que les mosaïques des catacombes précèdent celles qui ont pris naissance dans les sanctuaires élevés à la surface du sol. Celle dont nous allons parler, l'épitaphe de saint Gaudiosus, date même au plus tôt du vᵉ siècle. Si nous nous en occupons ici, c'est uniquement pour ne pas interrompre l'ordre topographique, auquel, en cette seule circonstance, nous donnerons le pas sur l'ordre chronologique.

Baronius déjà mentionne cet ouvrage : « Vidi ejusdem [sancti] cœmeterium subterraneum in suburbiis Neapolis, ubi hactenus inter alia nobilia antiquitatis monumenta ipsius tumuli servatur inscriptio musivo opere exarata, licet ob vetustatem jam pene diminuta, his verbis : HIC REQVIESCIT... [3]. »

Les auteurs modernes ont rectifié l'inscription, mal transcrite par l'illustre annaliste de l'Eglise ; ils nous ont également fourni quelques détails complémentaires sur la mosaïque, qui date de la seconde

1. Cité par Sanchez, *Campania sotterranea* ; Naples, 1833, t. II, p. 419. Cf. p. 456.

2. *Archeologia sacra* ; Naples-Turin, 1875, t. I, p. 104, 106, 112.— M. V. Schultze a démontré, il y a quelques années, que la décoration des catacombes de Saint-Janvier est tout entière l'œuvre des chrétiens : *Die Katakomben von San Gennaro dei Poveri in Neapel* ; Iena, 1877, p. 60-67.

3. *Martyrologium*, éd. de 1598, p. 532-533.

moitié du ve siècle ; c'est en effet le 28 octobre 453 que fut enterré le saint évêque africain, qui, fuyant les persécutions des Vandales, avait cherché et trouvé un asile à Naples[1]. Voici d'abord la description que donne du monument Parascandolo, l'historien des églises de Naples : « Restano in quell' archisolio tuttora gli avanzi de' musaici, di cui era ornato, ed i lineamenti dell' imagine del santo, quasi scolorita, non che la epigrafe pure in mosaico a caratteri dorati in fondo celestre... la data consolare, non che le forme de' caratteri latini, con la miscela di qualche lettera greca, l'addimonstrano antichissima[2]. » M. Galante ajoute que l'image du saint, aujourd'hui en majeure partie détruite, se compose de gros cubes de mosaïque, « tutta a grosso musaico ». Des pampres chargés de raisins entourent cette image. L'inscription, également en mosaïque, doit être lue :

HIC REQVIESCIT IN PACE SCS GAVDIO
SVS EPISC. QVI VIXIT ANNIS LXX VS DIE
VI KAΛE. NOVEMBRES CO DIC. VI[3].

II

LA BASILICA SEVERIANA.

Vers le milieu du IVe siècle, l'évêque Sévère, qui, au dire de Jean Diacre, gouverna l'église napolitaine depuis le pontificat de saint Sylvestre (314-335) jusqu'à celui de saint Damase (366-384), construisit une basilique près de Saint-Fortunat et la fit orner de merveilleuses mosaïques. On y voyait le Christ assis au milieu des douze apôtres ; au-dessous de lui se tenaient quatre prophètes, Isaïe avec une couronne d'olivier, Jérémie avec des grappes de raisin, Daniel avec une gerbe, enfin Ezéchiel avec des roses et des lis :

« Severus episcopus sedit annos XLVI, menses II, dies XI. Hic fecit basilicas quatuor; unam foris urbem juxta Sanctum Fortunatum, et aliam in civitate mirificæ operationis, in cujus apside depinxit ex musivo Salvatorem cum XII apostolis sedentem, et ha-

1. Salazaro, *Studi sui monumenti della Italia meridionale dal* IV *al* XIII[o] *secolo*; Naples, 1871 et ann. suiv., p. 6.

2. *Memorie... delle chiese di Napoli*; Naples, 1847, t. I, p. 67-68.

3. *Guida sacra della città di Napoli*; Naples, 1873, p. 446. — Voyez aussi Scherillo, *Archeologia sacra*, t. I, p. 119.

bentem subtus quatuor prophetas, distinctos pretiosis marmorum metallis. Esaias cum olivæ corona, Nativitatem Christi et perpetuæ Virginis Dei genitricis Mariæ designare voluit, dicendo : FIAT PAX. Hieremias per uvarum offertionem, virtutem Christi et gloriam Passionis præfigurat, cum dicitur : IN VIRTUTE TUA. Daniel spicas gerens, Domini adnuntiat secundum adventum, in quo omnes boni et mali colligentur ad judicium. Propterea dictum est : ET ABUNDANTIA. Ezechias proferens manibus rosas et lilia, fidelibus regnum cœlorum denuntians. Unde scriptum est : IN TURRIBUS TUIS. Etenim in rosis sanguis martyrum, in liliis perseverantia confessionis exprimitur...

« Fuit autem temporibus Silvestri Papæ et Constantini Augusti, et perduravit usque ad Damasum Papam, transiliens apostolicos hos, Marcum, Julium, Liberium, Felicem [1]. »

III

SANTA MARIA DEL PRINCIPIO.

(Mosaïque attribuée par erreur au IVe siècle.)

D'après une tradition ancienne, l'église Santa Maria del Principio serait la première de Naples, et peut-être même de toute l'Italie, dans laquelle on ait peint l'image de la Vierge. Plusieurs auteurs ajoutent que sainte Hélène fit copier en mosaïque cette peinture, en y joignant les figures de saint Janvier et de sainte Restitute, et ils identifient avec l'ouvrage exécuté sous ses auspices celui qui se trouve dans une des chapelles de la petite basilique située à côté du dôme. D'autres écrivains, plus circonspects, admettent que la mosaïque actuelle est une copie faite au XIVe siècle, mais une copie littérale, de l'ouvrage exécuté sous les auspices de la mère de Constantin [2].

1. Muratori, *R. I. S.*, t. I, 2e partie, p. 293, 294. — Voy. aussi le *Bullettino di archeologia cristiana*, de M. de Rossi, 1880, p. 144-146.

2. « La detta figura di Santa Maria del Principio fù rinovata da Santa Elena madre di Costantino Imperadore, la qual... se riposò alcuni giorni in Napoli, ov' edificò o ristorò la chiesa che S. Aspreno fabricata haveva nel medemo oratorio; rinnovò e rifece anche quella figura, e vi aggiunse quella di S. Gianuario e di S. Restituta... » (Engenio Caracciolo, *Napoli Sacra*, Naples, 1624, p. 12.; Catalani, *le Chiese di Napoli*, Naples, 1845, t. I, p. 48.) — Engenio, écrivain dénué de toute critique, parle aussi d'un portrait du Christ, analogue à celui de la basilique du Latran, que Constantin aurait fait exécuter dans la même église.

Ces assertions méritent d'être examinées avec soin.

Notons d'abord qu'aucun document ancien ne mentionne la part que sainte Hélène aurait eue à l'exécution de l'ouvrage en question. L'inscription même qui est tracée au-dessous de la mosaïque et qui appartient à l'année 1322 [1] est muette sur ce point; elle se borne à dire que l'édifice dont cette mosaïque fait partie a été construit par la sainte impératrice :

Lux deus immensa postquam descendit ad ima
Annis trecentis completis atque peractis
Nobilis hoc templum sancta construxit Helena.

Le silence des textes est corroboré par le style de la mosaïque. Cet ouvrage ne ressemble en rien à un travail du IVe siècle; le costume, les attributs, les types, ne laissent aucune place au doute. Bien plus, l'ensemble de la composition ne permet même pas de supposer que nous ayons devant nous un fond ancien, ayant subi des remaniements. En effet, la Vierge, assise sur un trône dont les colonnes torses sont incrustées d'*opus cosmaticum* et tenant sur ses genoux l'enfant Jésus, est un motif peu en harmonie avec les peintures de l'époque constantinienne; la croix fixée au bout d'une longue hampe, que l'on voit dans sa main, la colombe qui voltige au-dessus de sa tête, ne jurent pas moins avec les idées de cette époque; il en est de même de la mitre et de la crosse qui servent d'attributs à saint Janvier [2]. Si nous ajoutons que ces figures, ainsi que celle de sainte Restitute qui les accompagne, ont l'expression sentimentale propre aux écoles de Sienne ou d'Assise, et que la niche dont elles tapissent les parois est voûtée en ogive, on nous croira sur parole si nous affirmons que, par le style comme par le sujet, la mosaïque de l'église Santa Maria del Principio appartient tout entière à quelque trécentiste, auquel elle fait d'ailleurs le plus grand honneur.

1. *Annis datur clerus jam instaurator Parthenopensis Mille trecentinis undenis bisque retensis.*

2. La figure de saint Janvier est gravée dans les *Succincte notizie intorno alla facciata della chiesa cattedrale napolitana;* Naples, 1789, p. 33.

Vers 1848, la mosaïque a été restaurée par le mosaïste Raphaël Piedimonte, sous la direction du peintre d'Aloisio. Voy. L. Loreto, *Guida per la sola chiesa metropolitana cattedrale di Napoli*; Naples, 1849, p. 141.

IV

LE BAPTISTÈRE.

Dans la seconde moitié du ve siècle, l'évêque Sotère fit construire près de la cathédrale, à l'intérieur de l'évêché, un baptistère de dimensions considérables : « fecit et baptisterium fontis majoris intus episcopio; fuit temporibus Hilarii, Simplicii, Felicis papæ et Leonis imperatoris [1]. »

D'autre part, au vi^e siècle, sous le pontificat de Pélage et de Jean III (555-573 ?), on construisit, dans la même région, un baptistère plus petit, dans lequel prirent place de riches peintures : « (Vincentius episcopus) fecit baptisterium fontis minoris intus episcopio, et accubitum juxta positum grandis operis depictum [2]. » Ce second baptistère, d'après Assemanni, Mazzocchi [3], Parascandolo, Galante [4], serait identique à celui qui s'élève de nos jours encore à côté du dôme, au bout de la basilique de Sainte-Restitute, et qui se distingue par ses belles mosaïques.

Un troisième parti attribue la fondation du baptistère actuel à Constantin même; il s'appuie sur le témoignage de Jean Villani, dans sa chronique napolitaine, et sur une vieille inscription, encastrée dans l'édifice [5]. Nous citerons M. Catalani [6], et MM. Crowe et Cavalcaselle [7], parmi les auteurs qui partagent cette manière de voir.

Pour notre part, un examen approfondi nous a conduit aux conclusions suivantes : si le caractère des figures s'accorde mal avec les monuments de la seconde moitié du vi^e siècle, il s'éloigne aussi singulièrement de ceux du temps de Constantin. Un abîme sépare les mosaïques du mausolée de Sainte-Constance, près de Rome, de celles de notre baptistère. Dans celui-ci, à côté de fonds exclusivement composés de cubes d'un bleu lapis, on remarque la profusion des

1. Voy. Parascandolo, *Memorie... della chiesa di Napoli*; Naples, 1847-1848, t. I, p. 95-96.

2. Muratori, *Scriptores*, t. I, 2e partie, p. 299.

3. *De rebus neapolitanis et siculis : Dissertatio hist. de cath. ecclesiæ Neapolitanæ*; Naples, 1751.

4. *Guida sacra della città di Napoli*, p. 29.

5. « Questa cappella la edificai lo imperatore Costantino ali anni CCCXXXIII poy la Nativi de Xpo. Et la consecrai S. Silvestro et ave nome S. Joanne ad fonte et ave indulgentia infinita. »

6. *Le Chiese di Napoli*; Naples, 1845, t. V, p. 47.

7. *Storia della pittura in Italia*, t. I, p. 15.

cubes d'or dans les vêtements ou les accessoires, signe indéniable de la décadence de l'art. Le choix des sujets, le style des compositions aussi témoignent en faveur d'une époque plus avancée que le IVe siècle; les scènes, surtout celles qui ont pour acteur le Christ, se distinguent par leur variété et par leur aisance. On remarque en outre plusieurs motifs absolument inconnus aux chrétiens de la primitive Église, par exemple, les symboles des évangélistes. Ces symboles n'apparaissent qu'avec le Ve siècle; les plus anciens que l'on connaisse sont ceux de Sainte-Pudentienne. D'autre part, les arguments qui plaident contre le VIe siècle ne sont pas moins sérieux que ceux qui plaident contre le IVe siècle. Le modelé est encore serré et correct, les contours relativement sont purs et élégants; les proportions sont justes. On remarquera en outre le talent avec lequel les figures sont individualisées, la dignité et la noblesse des gestes.

En se prononçant, comme nous le proposons, pour la seconde moitié du Ve siècle, c'est-à-dire pour l'époque de l'évêque Sotère, on coupe court aux difficultés que nous venons de signaler. C'est en effet avec les monuments de cette époque, notamment avec les mosaïques de la nef et de l'arc triomphal de Sainte-Marie-Majeure (432-440), que les mosaïques du baptistère de Naples offrent le plus d'analogies.

L'étude du cycle formant la décoration du baptistère napolitain offre les plus grandes difficultés. L'œuvre primitive est fortement endommagée; en différents endroits, les cubes de mosaïque ont été remplacés par du stuc, plus souvent encore par une couche de peinture qui a elle-même en partie disparu, par suite de l'humidité qui règne dans l'édifice. Il est permis de supposer que ces peintures reproduisent ou reproduisaient les sujets traités dans les mosaïques dont elles ont pris la place; mais il ne faut pas y chercher une rigueur de reproduction bien grande, car les unes, les portraits en buste du Christ et de la Vierge, datent, d'après M. Salazaro, du XIIIe siècle [1], les autres ont l'air de travaux du XVIe ou même du XVIIe siècle, toutes époques où l'on ne se piquait pas de scrupules excessifs.

Le baptistère napolitain, de dimensions assez exiguës, est carré; il est surmonté d'une coupole, hémisphérique dans sa partie supérieure, tandis qu'à sa base elle forme un octogone; quatre côtés de cet octogone descendent perpendiculairement et offrent une surface plane; quatre autres, correspondant aux angles de l'édifice, sont

1. *Studi sui monumenti della Italia meridionale dal* IV *al* XIIIe *secolo*, p. 8.

voûtés de manière à former des niches dans leur partie inférieure.

Le sommet de la coupole représente le firmament: c'est un disque bleuâtre parsemé d'étoiles d'or à huit rais, alternant avec des étoiles blanchâtres, et contenant l'A et l'Ω, également dorés; au-dessus du chrisme apparaît la main de Dieu tenant une couronne de feuilles d'or, enrichie d'un saphir et nouée par des banderoles. Une seconde zone, entourant la première, est peuplée de paons, de colombes et d'autres oiseaux affrontés devant un vase, comme dans le pavement de Capoue, dans la chapelle de saint Jean l'évangéliste, au baptistère du Latran, et dans un certain nombre d'autres ouvrages de la même époque. Les détails ont perdu toute netteté, mais les contours nous permettent encore d'admirer les attitudes si vivantes et si naturelles de la gent volatile, ainsi que l'élégance des vases.

A cette seconde zone succèdent huit compartiments, de forme triangulaire, c'est-à-dire allant en s'élargissant du sommet à la base. Ils sont ornés dans leur partie supérieure de tentures bleues frangées d'or; plus bas, d'oiseaux affrontés; dans la partie inférieure enfin, de compositions que nous décrirons tout à l'heure. Entre ces compartiments s'étend une bande plus étroite, triangulaire comme eux, dont le bas est occupé par un vase donnant naissance à une guirlande de fleurs et de fruits: raisins, citrons, grenades. Des oiseaux au plumage multicolore animent cette ornementation, qui a encore toute la richesse de l'art classique: dans le bas, près du vase, c'est un paon; plus haut, une colombe; au sommet, des oiseaux de petite dimension. Cette disposition est celle de la bande la mieux conservée; nul doute qu'elle ne se répétât dans les autres compartiments.

Nous arrivons aux compositions de la partie inférieure, autrefois au nombre de huit, aujourd'hui réduites à cinq, et encore, sur ces cinq, il en est deux qui ont été repeintes.

La première représente le Don de Dieu. Le Christ se montre de face: il est debout, sur un globe bleu, et domine ses compagnons; sa tête se détache sur un nimbe d'or; sa gauche tient un *volumen* ouvert, avec l'inscription:

DOMINVS
LEGEM DAT.

Saint Pierre, placé à notre droite, porte sur son épaule une haste allongée dont le bout est orné du monogramme ☧; il s'avance pour recevoir le *volumen* que lui tend son maître. Cette figure a beaucoup souffert. Quant à celle de saint Paul, qui se trouvait du côté opposé, il n'en reste que la partie inférieure. Deux palmiers plantés aux deux extrémités encadrent cette scène, dont la signification semble avoir échappé à la plupart des archéologues [1].

La troisième composition contient deux figures. L'une, dont la tête est repeinte, est assise ; elle tient de la gauche un *volumen* et paraît recevoir l'hommage d'une femme qui s'agenouille devant elle, la tête couverte d'un voile. Cette seconde figure est presque entièrement repeinte. « Donna genuflessa presso un uomo seduto », lit-on dans l'ouvrage de dom Galante. M. Garrucci, plus hardi, voit dans la scène la Chananéenne au puits [2].

Les deux tableaux suivants sont peints à fresque, mais ils reproduisent, selon toute vraisemblance, les compositions incrustées à la même place en mosaïque. Ce qui nous autorise à le croire, c'est la présence, dans les vêtements, des fameuses lettres qui ont causé tant d'insommies aux archéologues. Le Christ, assis devant une table avec deux disciples, saisit de la gauche un pain rond, tandis qu'il lève la droite pour bénir : « sumpto pane, benedixit » (S. Luc, ch. XXIV, v. 30). Un de ses compagnons presse la main contre sa poitrine, comme pour exprimer l'émotion qu'il éprouve en reconnaissant son maître. Nous avons en effet affaire, le lecteur l'a déjà deviné, à la Cène d'Emmaüs. Le second tableau nous montre, si je ne me trompe, la Salutation angélique. Un personnage tenant une fleur, un lis sans doute, s'incline devant un autre personnage assis (« un uomo che adora una persona palliata sedente » : Galante).

La composition voisine est d'une explication moins facile. Nous apercevons sur un rivage un homme nimbé, de fort petites dimensions, qui s'avance en levant le bras, sans qu'il soit possible de distinguer nettement ni son geste, ni son intention. Plus loin s'étend la mer, peuplée de poissons qui lèvent la tête vers le personnage que nous venons de décrire ; la partie supérieure est occupée par un second personnage, beaucoup plus grand que le premier, et qui étend vers lui une de ses mains, fermée à l'exception de l'index et du médius. Cette superposition des figures tient sans doute à l'ignorance de la perspective ; ne pouvant pas les placer les unes derrière les

1. M. Grimouard de Saint-Laurent ne la mentionne pas dans sa dissertation sur *le Christ triomphant et le Don de Dieu* ; Paris, 1858. D'autre part, M. Galante se borne à nous dire que cette mosaïque représente « un uomo con asta sulle spalle terminante col monogramma, ei sta genuflesso presso un altro vestito di tunica e casola » (*Guida sacra della città di Napoli*, p. 20).

2. *Storia dell' arte cristiana*, pl. 269 ; texto, t. IV, p. 79-83.

autres, l'artiste les a placées les unes au-dessus des autres, comme l'ont fait les tapissiers du moyen âge. Hâtons-nous d'ajouter que le second personnage est peint à fresque, non incrusté en mosaïque, et que le côté droit du compartiment a complètement disparu.

Nous nous trouvons selon toute vraisemblance en présence d'une des scènes de l'Évangile qui ont la mer pour théâtre. J'avais d'abord pensé au Christ venant au secours de saint Pierre [1]; mais, étant donné l'état de la mosaïque, je crois que l'opinion de Parascandolo, partagée par le P. Garrucci [2], peut également se soutenir avec quelque vraisemblance : ces savants voient dans la composition la pêche miraculeuse.

Les deux derniers compartiments ne nous arrêteront guère; c'est à peine si dans l'un on distingue, ou plutôt on devine encore une femme agenouillée; quant à l'autre, il est entièrement nu.

Les différents sujets que nous venons de passer en revue décorent tous la coupole et se développent par conséquent sur une surface concave. Ceux que nous allons étudier font, au contraire, partie de l'octogone qui relie la coupole au carré dessiné par les murs du baptistère. Ils sont au nombre de douze.

A la droite du spectateur tourné vers l'unique fenêtre du baptistère, est peinte la tête du Christ, de dimensions colossales, avec un nimbe en relief, analogue à ceux du XIII° au XIV° siècle; c'est en effet à cette époque qu'elle appartient. Selon toute vraisemblance, cette tête occupe la place d'une fenêtre qui aura été murée au moyen âge, ainsi que la fenêtre qui lui fait face et celle qui fait face à la fenêtre encore existante. Plus bas, un apôtre ou un saint, vêtu à l'antique, imberbe, sans nimbe, tenant une couronne qu'il semble avoir prise sur le socle placé près de lui; son geste a quelque chose de solennel. Un second saint, d'apparence juvénile, malgré sa barbe noire, fait face à celui avec lequel nous venons de faire connaissance; il tient également une couronne qu'il lève en l'air; dans sa gauche, ainsi que dans celle de son compagnon, on aperçoit comme « un volumen ». Parascandolo croit reconnaître dans ces deux figures saint Pierre et saint Paul, mais rien ne justifie sa conjecture [3].

1. « (Petrus) videns ventum validum timuit et quum cœpisset demergi, clamavit, dicens : Domine, serva me. Statim vero Jesus extensa manu apprehendit eum. » (Saint Mathieu, chap. XIV, v. 30-31.)

2. *Storia dell' arte cristiana*, loc. cit.

3. *Memorie... della chiesa di Napoli*, t. I, p. 95.

Sur le mur opposé est peinte, en buste, la Madone. Elle est accostée, comme son fils, de deux saints ou apôtres, refaits vers le XVIIe siècle; l'un d'eux tient une palme.

Au centre du mur qui fait face à la fenêtre, on aperçoit un grillage peint, qui occupe sans doute l'emplacement d'une ouverture fermée depuis longtemps. Deux personnages (sans nimbe, ou du moins sans nimbe apparent), tenant chacun une couronne de chêne, aux feuilles dorées, avec une pierre en cabochon au centre, s'avancent vers le grillage; ils viennent chacun d'un côté différent et tournent légèrement la tête vers le spectateur. Celui de droite a les cheveux ras et le visage imberbe; la face de l'autre semble avoir été couverte, à l'origine, d'une barbe grise fort courte. Leurs vêtements et leurs chaussures sont ceux des anciens Romains : sandales, toge blanche ornée d'un clavus de couleur foncée et de lettres. Leur type, — têtes un peu rondes, traits accentués, cheveux coupés court, — rappelle également les modèles de la bonne époque. Quant au style, il est excellent, plein d'ampleur et de noblesse.

Du côté opposé, c'est-à-dire à droite et à gauche de la fenêtre (qui semble avoir été agrandie après coup), on entrevoit, je n'ose pas dire on distingue deux figures peintes, faisant pendant à celles que nous venons de décrire et tenant également des couronnes. Elles sont trop ruinées pour que nous nous y arrêtions.

Venons-en aux niches qui correspondent aux quatre angles du baptistère et qui forment comme des absides en miniature. L'intérieur de chacune de ces niches était autrefois orné d'un des symboles des Evangélistes; depuis, le bœuf de saint Luc a disparu et n'a pas été remplacé. Les trois figures conservées, l'ange, le lion, l'aigle, sont privées de nimbe et d'ailes. En effet, ce que l'on pourrait prendre pour des ailes (Mazzocchi est tombé dans cette erreur, ce qui lui a valu une verte semonce du P. Garrucci), ce sont tout simplement des branches disposées sur un triple rang.

On ne remarque pas non plus les livres des Evangiles, que ces figures portent d'ordinaire; les deux animaux aussi bien que l'ange émergent de nuages rougeâtres et se détachent sur un fond bleu parsemé d'étoiles semblables à celles de la coupole.

Les trois symboles subsistants ne manquent pas d'une certaine allure, quoiqu'ils aient moins de style et de grandeur que ceux de Sainte-Pudentienne. On remarquera l'air terrible du lion, la gueule ouverte, les yeux étincelants. Une particularité digne de remarque, c'est que les touffes de sa crinière sont bordées d'or. L'ange, représenté à mi-corps, a le visage dur et osseux; ses traits sont ceux d'un homme, non d'un adolescent. Mais je me refuse absolument à voir en lui un vieillard, comme MM. Crowe et Cavalcaselle. L'aigle est à peu près ruiné; les cubes d'émail sont tombés les uns après les autres; il semble d'ailleurs n'avoir rien offert de digne d'attention.

Les arcs qui surmontent les niches, comme l'arc de la tribune surmonte et encadre l'abside, contiennent des compositions dont l'inspiration se rattache à l'art des catacombes, cet art si serein et si abstrait. Au-dessus de l'ange de saint Mathieu, on aperçoit deux cerfs s'avançant vers un berger debout, au centre. Au-dessus du lion de saint Marc, deux agneaux de proportions fort justes vont à la rencontre l'un de l'autre ; ils sont suivis chacun d'une colombe qui se retourne comme pour becqueter les fruits du palmier placé à l'extrémité; au centre, entre les agneaux, est assis ou plutôt étendu un berger, d'une taille infiniment plus petite que celle des animaux confiés à ses soins; il a pour vêtement une tunique courte, d'un ton bleuâtre, nouée à la ceinture, et des jambières ; une de ses mains est appuyée sur un bâton, l'autre étendue.

On rapprochera cette figure de celles qui ornaient autrefois la mosaïque du portique de Saint-Venance (baptistère du Latran)[1], de celles de la mosaïque de Saint-Clément, à Rome[2], et enfin de celles qui sont sculptées sur un si grand nombre de sarcophages[3].

Des scènes analogues se voient au-dessus des deux autres niches du baptistère : au-dessus de l'aigle, ce sont des cerfs ; au-dessus du bœuf de saint Luc ou du moins de l'emplacement qu'il occupait, des agneaux, fort maltraités par le temps.

Telle est, dans son ensemble, cette page importante du ve siècle, jusqu'ici trop négligée des archéologues, et qui par ses sujets comme par son style mérite de prendre place immédiatement après les grandes mosaïques décoratives de Rome et de Ravenne.

V

LE PORTRAIT DE THÉODORIC AU FORUM DE NAPLES.

Le règne de Théodoric, le grand roi des Goths, est marqué à Naples, comme à Ravenne et à Pavie, par l'exécution d'une mosaïque qui offrait le plus haut intérêt.

1. Rohault de Fleury, *le Latran au moyen âge*, pl. XLIII.
2. De Rossi, *Musaici*.
3. Garrucci, *Storia dell' arte cristiana*, pl. 359, 363, 366, 373, etc.

Dans son Histoire de la guerre des Goths (liv. I, ch. XXIV), Procope nous a laissé de curieux renseignements et sur ce monument et sur la légende à laquelle il donna naissance :

« Hoc interim spatio Neapoli res hujus modi contigit : In foro visebatur Theoderici Gothorum regis effigies, ex lapillis compacta, minutis ad modum, et versicoloribus fere singulis. Hujus caput olim, vivente Theoderico, defluxit, turbatis sponte sedibus lapillorum : ac brevi Theoderici consecutus est obitus. Octo post annis, dilapsis repente calculis, qui imaginis ventrem conflabant, decessit statim Atalaricus, Theoderici nepos ex filia. Aliquanto post ceciderunt lapilli, qui circa verenda erant ; tunc inter homines esse desiit Theoderici filia Amalasuntha. Quæ cum ita se habuissent, Gothis Romam obsidentibus, reliquæ partes imaginis, a femoribus ad imos pedes, corruerunt itaque ex pariete effigies prorsus abolevit. Inde Romani capto omine, belli victorem fore imperatoris exercitum asseverabant[1]. »

VI

LA STÉPHANIE.

Dans sa Chronique napolitaine, Jean Diacre mentionne un insigne monument de l'art de la mosaïque, dont il nous fait connaître le sujet. Quoique ce monument soit depuis longtemps détruit, il importe de le signaler à l'attention des archéologues :

« Hic (Joannes Episcopus) absidam Ecclesiæ Stephaniæ, labsam (*sic*) ex incendio, reformavit. In qua ibidem ex musivo depinxit Transfigurationem Domini nostri summæ operationis[2]. »

L'évêque Jean vivait, selon la même chronique, du temps des papes Agapit, Silvère, Vigile, c'est-à-dire vers le milieu du VIe siècle (535-555). L'église dans laquelle il fit peindre la Transfiguration est identifiée par plusieurs savants napolitains à la basilique de Sainte-Restitute[3], tandis que d'autres la prennent pour un édifice distinct[4].

1. Muratori, *Rer. Ital. scriptores*, t. I, 1re partie, p. 269, et *Corpus scriptorum historiæ byzantinæ*, 2e partie, 2 vol., p. 116-117, édit. de Bonn, 1833.

2. *Chronicon episcoporum sanctæ Neapolitanæ ecclesiæ* (IXe siècle), c. XXII, dans les *Scriptores* de Muratori, t. I, 2e partie, p. 298. in fine.

3. Parascandolo, *Poche cose in onore del vero* (extr. de la *Statistica letteraria* no 4).

4. Loreto, *Poche cose... su le due chiese S. Restituta e la Stefania*, s. d. ni lieu d'imp., p. 5 et suiv.

Nous ne saurions entrer dans ce débat; il nous suffira de l'avoir mentionné.

Dès le huitième siècle, sous le pontificat d'Etienne IV, ou sous celui d'Adrien, l'église de la Stéphanie fut la proie des flammes. C'est encore Jean Diacre qui nous instruit de cette catastrophe :

« Ecclesia Salvatoris, quæ de nomine sui auctoris Stephania vocitatur, divino (quod flens dico) judicio igne cremata est [1]. »

Le sanctuaire ne tarda d'ailleurs pas à se relever de ses ruines, mais nous ignorons si les mosaïques furent comprises dans la restauration : « Ac deinde totius populi forti roboratus adjutorio, eamdem renovavit Ecclesiam Stephanus Episcopus versibus ad instar fenicis descriptis[2]. »

Un auteur du commencement du XVIIe siècle, Cesare d'Engenio Caracciolo, rapporte une étymologie du nom de Stéphanie, à travers laquelle il est peut-être permis de voir une autre peinture en mosaïque décorant la même église : « Altri finalmente dicono che fosse detta la Stefania dalla parola greca Stephanos, che significa corona et cio per vedersi nella figura del Salvatore 24 seniori ginocchiati, i quali offeriscono le sue corone al Salvatore conforme la visione dell' Apostolo S. Gio. nel Apocalisse [3]. »

Nous savons qu'au VIIIe et au IXe siècle rien n'était plus fréquent que les mosaïques représentant les vingt-quatre vieillards de l'Apocalypse.

Or, sur l'arc triomphal de l'église Sainte-Restitute, on voit aujourd'hui encore une peinture, exécutée par Nicolas Vaccaro, qui nous

1. *Op. laud., in vita Stephani.* Muratori, t. I, 2e partie, p. 311.
2. *Chronicon episcop. S. Neap. ecclesiæ*, loc. cit.
3. *Napoli sacra ;* Naples, 1624, p. 15. Voici ce qu'écrit à ce sujet Parascandolo : « Or di que' musaici non fu scema la « bema » della Stefania, ed il muro superiore di essa, giacchè a' tempi dell' Engenio e del Chioccarelli tuttora la parete superiore all' arco della tribuna in S. Restituta era ornata di musaici, co' quali rappresentavasi il divin' Salvatore con a destra quattro serafini portanti in mano de' candelieri, ed a sinistra altri tre serafini in egual' forme, et nel basso i seniori offerenti le loro corone; e che nel manieroso secolo XVII[o], in cui si volle guastare tutto nelle arti, quel monumento venne disfatto. — Chioccarelli scrisse : « exterius, e regione eamdem ecclesiam ingredientium, alia Servatoris nostri vetustissima effigies perspicitur, in cujus dextero latere quatuor Seraphini, e sinistro vero tres cum septem ardentibus candelabris, inferius vero ordines multi virorum, qui flexis genibus singuli junctis manibus coronas gestant, easque Salvatori in throno sedenti offerunt. » *Memorie... della chiesa di Napoli*, t. I, p. 92.)

montre le Christ trônant au milieu de cette troupe d'élite [1]. On pourrait admettre, avec beaucoup de vraisemblance que cette peinture a remplacé une mosaïque figurant le même sujet, si toutefois il était prouvé que Sainte-Restitute et la Stephania ne font qu'un seul et même édifice : « quod est demonstrandum ».

1. Catalani, *le Chiese di Napoli*, t. 1, p. 22.

Paris. — Imp. PILLET et DUMOULIN, 5, rue des Grands-Augustins.

Original en couleur

NF Z 43-120-8

www.ingramcontent.com/pod-product-compliance
Lightning Source LLC
LaVergne TN
LVHW010317230826
846091LV00009B/3699
9782013604925